出世大名 家康くん 公式ファンブック

ごあいさつ

拙者、出世大名 家康くんと申す。
聞いて驚くことなかれ！なんと拙者は、
天下の大将軍 徳川家康公の生まれ変わりと
言われているのじゃ！

家康公といえば、浜松で過ごした十七年間を足掛かりにして、
征夷大将軍に出世した風雲児！
そして浜松は「出世の街」と呼ばれるようになったのじゃ。
家康公の出世パワーは、拙者のちょんまげにも宿っておる。
ひとたび触れれば、おぬしにも出世運を
授けることができるのじゃぞ。
拙者はこのちょんまげに賭けて、
うなぎやみかん、音楽といった浜松の魅力をさらに出世させる！
そして浜松を、日本中からもっと
愛される街に出世させるのじゃ！

はままつフラワーパーク
家康くん「四季の花が美しい見どころいっぱいのテーマパークなのじゃ!」

出世大名 家康くん in 浜松

浜松城
家康くん「春は桜がキレイなのじゃ〜」

浜名湖
家康くん「弁天島の大鳥居をバックにサイクリングに出発じゃ!」

浜名湖サイクリングロード
家康くん「拙者が本気を出せば、なわとびだって跳べちゃうのじゃ〜!!」

浜名湖遊覧船
家康くん「浜名湖周辺の美しい景観を船上から楽しむことができるのじゃ」

浜松城

家康くん「浜松城は、野面積みの石垣が有名なのじゃ」

浜松東照宮 手水舎

家康くん「出世パワーがみなぎってくるようじゃ!」

浜松城天守門

家康くん「140年ぶりに復元された天守門、立派で雄大で、とにかくすごいのじゃ〜」

中田島砂丘
家康くん「遠州灘を背に走るのじゃ〜!」

東海道松並木
家康くん「約700mにわたる立派な松並木を歩いて、東海道を偲ぶのじゃ」

はままつフルーツパーク時之栖
家康くん「拙者にはスベリ台が小さすぎてお尻が入らないのじゃ。無念…」

蜆塚遺跡
家康くん「家康公の時代よりもず〜っと昔のお家を発見!!」

高根城跡
家康くん「その昔、浜松には、たくさんのお城があったのじゃ」

浜名湖グラウンドゴルフパーク
家康くん「浜名湖畔でプレイを楽しむのも良いものじゃ!!」

茶畑
家康くん「茶畑の出世大名じゃー!!」

天竜二俣駅
（天竜浜名湖鉄道）
家康くん「今日はどこまで行こうかの〜」

浜松城公園
家康くん「過ごしやすい陽気に誘われて、公園で遊んだのじゃ」

もくじ

ごあいさつ ──2
出世大名家康くん in 浜松 ──4
出世大名家康くんって? ──12
出世大名家康くんヒストリー ──14
いざ、出世旅へ ──20
出世大名家康くん日記 ──22
家康楽市in浜松出世城 ──28
浜名湖花博2014 ──30
教えて! 家康くん 浜松のおいしいもの ──32
出世大名家康くんの方言講座 ──36
教えて! 家康くん 浜松の祭り ──38
家康くんに聞いてみよう! ──40
出世大名家康くんとめぐる浜松 ──44
産業観光浜松 ──50
教えて! 家康くん 浜松と音楽 ──54
家康くんテーマ曲 ──56
天下統一合戦 ──58
　<第壱戦> ──60
　<第弐戦> ──62
　<第参戦> ──64
ゆるキャラ®グランプリ2013 ──66
「ゆるキャラ®グランプリ」報告会 ──68
敗北、そして出家へ ──70
出家修行の日々 ──72
復活! 出世大名家康くん ──75
家康くんと浜松を歩こう ──76
出世大名家康くんと
ご当地キャラのおともだち ──80
家康くん、あこがれの
百田さんに直撃インタビュー ──84
探してみよう家康くん ──88
出世大名家康くん
オフィシャルグッズ トップ30 ──91
インフォメーション ──92
浜松ってどんなところ? ──94
おわりに ──95

出世大名 家康くんって?

徳川家康公は、浜松の地に「浜松城(出世城)」を築き、17年間城主を務めたのち天下統一を成し遂げた、まさしく「出世大名」。拙者は、その生まれ変わりと言われているのじゃ。
浜松にお越しの皆々様には、お近づきの印に拙者の「出世運」を授けるのじゃ。

口癖
「浜松は日本一良いとこじゃ」

チャームポイント
浜松の特産品「浜名湖うなぎ」のちょんまげ。髪形は「バイクのふるさと」らしくタイヤをイメージしている。

紋付
紋付の緑色は浜松市の面積の約66%を占める森林のイメージ、紋付の青色は浜名湖、天竜川、遠州灘をイメージしている。

みかんの家紋
ほどよい甘さと酸味のバランスが良く、人気の高い「みかん」の家紋。

ピアノの鍵盤のはかま
ヤマハ、カワイ、ローランドといった世界的に有名な楽器メーカーが立地しており、「音楽のまち」と呼ばれている浜松を象徴する、ピアノの鍵盤のはかま。

はままつ福市長 （仕事）

浜松市を元気にします。浜松市の魅力を発信します。
浜松市の出世の街づくりを推進します。

出世旅推進室本部長（兼任）

出世のパワースポットとしての浜松市を全国にPRしていく
「浜松出世旅プロジェクト」を推進します。

将来の夢
浜松が日本一元気な街になること。

能力
「出世運」を授けることができる。うなぎのちょんまげを触ると出世運がアップするというジンクスもある。

浜松人の証
「まつり」と聞くと血が騒ぐ。

性格
やらまいか※精神旺盛で超前向き。特に子どもの笑顔は元気の源。

※やらまいか
浜松の方言で「やってみよう」というチャレンジ精神の意。

IEYASUKUN HISTORY
出世大名 家康くん ヒストリー
~家康くんの出世街道~

2011年

4月
平成23年、市制100周年を記念して、マスコットキャラクターを公募。
"出世城"と呼ばれている浜松城、そして世界的企業や有名人が数多く生まれた浜松市を、縁起の良い「出世の街」として全国にPRしていきたいという目的に、"出世大名"家康くんのコンセプトが合致したことから、家康くんが選出された。

「浜松市100周年を盛り上げ、浜松市の魅力を全国にPRし、浜松市民の皆さんを笑顔にしてください。」
と市長から、激励の言葉をいただいたのじゃ。
市長、承知つかまつったぞよ。
(2011年4月20日:ブログ「家康くん日記」より)

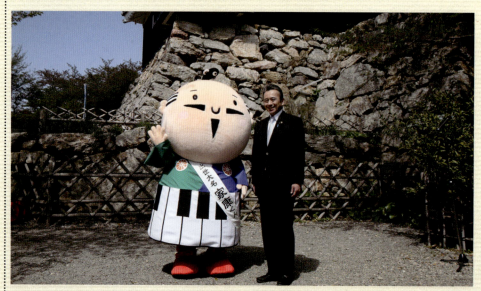

浜松市制100周年記念　マスコットキャラクター委嘱式

10月
第82回都市対抗野球のキャラクター選手権で第4代チャンピオンに。

11月
「天下泰平号」に乗り、北海道から九州まで訪れる「日本縦断の旅」スタート。

旅の目的は、浜松の魅力を全国にPRすること。そのお役目、しっかりと務めてまいるぞ!
(2011年11月9日:ブログ「家康くん日記」より)

12月
日本縦断の旅ゴール。
訪問した都道府県、市町村の数は「18都道府県、27市区町村」!

素晴らしい「日本縦断の旅」であったな…(うっとり)
(2011年12月13日:ブログ「家康くん日記」より)

2012年

4月
前任の「ウナギイヌ」にかわって、平成24年度から新たに「はままつ福市長」に就任。平成24年3月30日、浜松市役所で実施された就任式にて、浜松市長から任命書が手渡された。

「はままつ福市長」という重要なお役目、拙者も緊張しているのじゃが、皆さんと浜松市を盛り上げていきませう!! よろしく頼みますぞ。
(2012年4月2日:ブログ「家康くん日記」より)

11月
「ゆるキャラ®グランプリ2012」にて第7位。

「ゆるキャラ®グランプリ2012」ではたくさんの応援メッセージと、投票を本当にありがとうなのじゃ。
おかげで、獲得ポイントは、137,099ポイント、865キャラ中「拙者」は7位になることができたのじゃ。
（2012年11月26日：ブログ「家康くん日記」より）

浜松城の中に、出世運が授かるといわれる「開運さま」（家康くんパワーハウス）を設置。

12月
徳川家康公が浜松にいた17年間の出世物語や、浜松出身の著名人の名言などを盛り込んだ「出世と開運の巻物」である、「浜松出世開運奥義之書」を浜松に展示。

2013年

5月
Facebook開設。

7月
「毎週日曜日、浜松城公園で家康くんに会えます」がスタート。

8月
「ゆるキャラ®グランプリ2013」出陣式。
8月6日、兜（かぶと）を被ると話すことができる、「超やらまいかバージョン」の家康くんが初登場し、ゆるキャラ®グランプリ2013にて頂点を目指す「天下統一宣言」を肉声で行う。

「拙者、日本一になれなかったら、ちょんまげを落とし、"出世大名"から"出家大名"になるほどの覚悟でありまする」
（2013年8月8日：ブログ「家康くん日記」より）

9月
天下統一合戦、スタート（全3戦）。
8月にオープンした公式サイト「出世大名家康くん 天下統一への道（http://ieyasu-kun.jp/）」において、浜松の魅力を武器に全国のライバルに果たし状を叩きつけ、"ゆるくない闘い"に挑む。

家康くんを日本一にするために中学生たちからアイデアを募り、優秀作品となったポスター。

11月
「ゆるキャラ®グランプリ2013」にて準グランプリ。

「ありがとなのじゃー!!!」
(2013年11月28日：ブログ「家康くん日記」より)

「ゆるキャラ®グランプリ2013」で、準グランプリを獲得することができたのじゃ。
これも皆々さまのお蔭。深く、深く、礼を申すのじゃ。
これからも、拙者といっしょに浜松を盛り上げましょうぞ。

12月
「出家の儀 断髪式」にて「出家宣言」。
断髪式では、恋人役である「おはま」こと2013ミス浜松グランプリ(山本来音さん)がうなぎのちょんまげを落とした。

再び出世大名になることを夢見て、しばらく修行に励みますぞ。これからも応援よろしくなのじゃー!
(2013年12月25日：ブログ「家康くん日記」より)

"出家大名"へと改名した家康くんは、浜松市のPR活動を行う傍ら、養鰻場での選別作業やうなぎ料理店の見習い修行、犀ヶ崖資料館では座禅や書をはじめ、数多くの出家修行を行い、浜名湖畔に立つ「うなぎ観音」へお参りもした。

2014年

1月
復活を願う全国の方々からの応援の結晶か日々の修行の成果が実ってか、うなぎ観音から「冬の土用の丑の日(1月18日)を控える1月17日に、再び出世大名として浜松市及びうなぎのPRに邁進すべし。あわせて、その日に復活の証として『金の太刀』を授けよう」とのお告げが。

「出世大名家康くん」として復活したのじゃー!! 生え変わったちょんまげを、ぜひ触ってほしいのじゃ!
(2014年1月23日：ブログ「家康くん日記」より)

7月
「出世大名家康くん～浜松城散策一周年記念イベント～」において、浜松市長より「出世旅推進室」本部長の辞令を受ける。市役所6階に設置された「出世旅推進室」で、仕事をする家康くんに会えるかも?

8月
JR浜松駅コンコースに、「浜松出世旅プロジェクト」のシンボルとなる「金の家康くん像」を設置。毎日午前10時から午後7時まで公開されている。

いざ、出世旅へ
～浜松は、出世のパワースポットなのじゃ!～

2014年7月6日(日)に浜松城で開催された「出世大名家康くん～浜松城散策一周年記念イベント～」で、拙者は「出世の街 浜松」の出世運を全国に発信するため、『浜松出世旅プロジェクト』の始動を宣言したのじゃ。(❶)

※出世旅プロジェクト宣言文
浜松には、徳川家康公が出世したという歴史がある。
数多くの企業が浜松で生まれ
大きくなったという事実がある。
うなぎや餃子など人の活力となる食がある。
山・海・湖・砂丘・温泉など人の心を癒す自然がある。
それらは、ビジネスパーソンを刺激し、
再び仕事をがんばろうという気持ちを興してくれるはずじゃ。
出世とは、自らを成長させ、夢を叶えること。
平成の世を生き抜くビジネスパーソンたちよ、
出世の街 浜松を旅して、出世運を授かるのじゃ!

その第1弾として、浜松市役所に「出世旅推進室」が設置されることが発表されたのじゃが、ナ・ナ・ナント!!はままつ福市長である拙者に「出世旅推進室本部長」の辞令がくだされたのじゃ。身が引き締まるの～。(❷)
拙者、"はままつ福市長"と"出世旅推進室本部長"を兼務することになったのじゃよ。

7月7日(月)には、市役所6階広聴広報課内に開設された「出世旅推進室」に初出勤したのじゃ。(❸❹)

また7月28日(月)は、東京都内でお笑いコンビ"平成ノブシコブシ"殿をお迎えして、プロジェクトのシンボルとなる「金の家康くん像」のお披露目式を開催したのじゃ。❺❻
「金の家康くん像」の台座には貴名受けが付いていて、名刺を入れると拙者の声が出る仕組みとなっておる。❼❽❾
実は「金の家康くん像」は、静岡文化芸術大学の学生さんのご協力のもと、官学共同製作されたものなのじゃ。

そして8月5日(火)、「金の家康くん像」はJR浜松駅コンコースに設置されたのじゃ。
「金の家康くん像」は、毎日午前10時～午後7時に公開される。
浜松へ「出世旅」にお越しの際は、ぜひ「金の家康くん像」をご覧いただき、出世運を授かってくだされ。

『浜松出世旅プロジェクト』は、浜松市内の飲食店に協力を募り、各店で工夫を凝らした「出世飯」を提供する企画や、スタンプを集めて出世運アップを目指す「出世旅スタンプラリー」の開催など様々な事業を展開中なのじゃ。(❿)

皆々様、乞うご期待じゃ～!!

出世大名 家康くん日記

浜松の魅力を伝えるべく、西へ東へ。
家康くんが参加したさまざまなイベントを、
家康くん日記(http://hamamatsunogenki.hamazo.tv/)よりご紹介します。

☆月☆日

お江戸の新仲見世商店街に参上したのじゃ！ 外国人観光客向けの「多言語マップ」完成を記念したイベントだったのじゃ。
東京ヤクルトスワローズの"つば九郎"殿や…"おしなりくん"殿、"台東くん"殿…新仲見世商店街の"新にゃか"殿や毎日新聞の"なるほドリ"殿など、たくさんのキャラクター殿と一緒に商店街で大名行列じゃ！ それにしてもすごい人で、歩くのが精一杯だったのじゃ。

☆月☆日
天竜体育館で開催されたスポーツイベントに参上したのじゃ。
そこで、拙者は模範演技のお手伝いじゃ。そのお手伝いというのは…

なななんと、拙者の上を飛び越えるというものだったのじゃ!!!
拙者、どうなるんじゃ～!?

しかし、見事大成功！ めでたしめでたしじゃ。

☆月☆日
さのまる殿のお誕生日会に行ってきたのじゃ。キャラクターたちで運動会を開き、盛大にお祝いしたのじゃ！ 拙者は久しぶりに頭巾をかぶって参加したのじゃ。

さのまる殿、3歳おめでとうなのじゃ。

☆月☆日
超元気ハツラツな園児たちと一緒にラジオ体操じゃー。

☆月☆日
「第10回浜松シティマラソン」が開催されたのじゃ。今回のハーフマラソンは、ザザシティ〜浜松駅〜アクトタワー〜静岡文化芸術大学を通り、浜松のまちなかを駆け抜ける新しいコースだったのじゃ。皆々様、ファイトなのじゃ〜！

皆々様の走りを見ていたら、拙者も走りたくなってきたのじゃ。
そこで、ファミリーの部に飛び入り参加したのじゃ！
しかし…ちょこっとばかり走るのが遅かったため、陸上競技場の出口まで走ったところでゲートを封鎖されてしまったのじゃ。短距離走は得意なんじゃがの〜。無念じゃ。

☆月☆日
祝!! 富士山静岡空港"開港5周年"じゃ。あっぱれ!!

☆月☆日
今日はさいたま市の『浦和うなぎまつり』。うなぎで有名な街同士なので、毎年ご招待いただいているのじゃ。

浦和のキャラクター殿たちとも、もう仲良しじゃ☆

☆月☆日
「ご当地キャラクターフェスティバルinすみだ2014」に参上したのじゃ！
「皆々様、浜松に家紋・Come onじゃ！」

さのまる殿、ぐんまちゃん殿と一緒に、テレビの取材を受けたのじゃ。

☆月☆日
本日の浜松はチョッピリ曇りがちだったのじゃが、お散歩は気持ち良かったの〜。

27

家康楽市 in 浜松出世城

「家康楽市」は、浜松産の食材を地産地消しようということで始まった浜松産「食」のイベント。
食を通じて浜松をより一層盛り上げます。
もちろん、我らが出世大名家康くんも「実行委員大名」として協力、参加しています。

家康楽市 －春の陣 2013

彦根市から「ひこにゃん」、岐阜市から「のぶさま。」、甲府から「武田ひし丸くん」が来てくれました。

「城おとし合戦/三方ヶ原の戦い」はままつ福市長「出世大名家康くん」vs（社）やまなし観光推進機構マスコットキャラクター「武田ひし丸くん」。

初日は武田軍の勝利。2日目は家康軍の勝利で通算1勝7敗。
家康軍、念願の初勝利！

家康楽市 －秋の陣 2013
荒天予測を考慮し、開催中止。

舞の練習をしたのに残念じゃのう

家康楽市 －春の陣 2014
家康くんの能もお披露目！ 「城おとし合戦/三方ヶ原の戦い」は因縁の対決、「出世大名家康くん」vs「武田ひし丸くん」。結果は、初日、2日目とも武田軍の勝利でした。

浜名湖花博2014

2014年3月21日〜2014年6月15日（浜名湖ガーデンパーク会場は2014年4月5日〜2014年6月15日）に開催された花と緑の祭典。家康くんは、浜名湖花博2014公式キャラクター「のたね」とともに、開催前は花博のPRで各地を訪れ、開催中はたびたび会場に足を運び、「花の都」浜松の魅力を伝えました。

はままつフラワーパーク会場
2014年3月21日〜2014年6月15日

浜名湖花博10周年記念事業・
浜名湖
〜花と

浜名湖ガーデンパーク会場
2014年4月5日〜
2014年6月15日

教えて！家康くん
浜松のおいしいもの

浜松

浜名湖うなぎ

浜松市を代表する水産物は、やはり"浜名湖うなぎ"。浜名湖はうなぎ養殖の発祥の地であり、養殖に不可欠な種苗（シラスウナギ）、水、飼料の3条件を兼ね備えていること、温暖な気候であること、そして何より養鰻業にかける人々の情熱があって、全国的なうなぎの産地となりました。

浜名湖あさり

汽水湖の浜名湖で育ったあさりは、甘みと旨みのある柔らかい身が殻いっぱいに詰まっています。"浜名湖あさり"のほか、"浜名湖青のり""浜名湖クルマエビ""牡蠣""ドーマン蟹"などが浜名湖で獲れます。

牡蠣カバ丼

みかん

浜松市の花にもなっているみかん。奥浜名湖の三ヶ日町、細江町、引佐町や三方ヶ原台地の都田や浜北において栽培が盛んで、全国に知られています。温暖な気候と、みかん栽培に適した土壌の中で育てられた浜松のみかんは、ほどよい甘さと酸味のバランスがとれた美味しさです。

市役所前の木にも美味しそうなみかんが実り、拙者もその収穫のお手伝いをしてきたのじゃ。ご来庁の皆々様にも配布。とっても喜んでいただいたのじゃ♪
(2013年12月17日:ブログ「家康くん日記」より)

遠州灘天然トラフグ

全国に流通しているトラフグのほとんどは養殖魚ですが、浜松市の舞阪漁港で水揚げ出荷されるトラフグは正真正銘の「遠州灘天然トラフグ」です。天然ならではの香り、旨み、身の締まり、しっかりとした歯ごたえは養殖魚とは比較になりません。

遠州灘シラス

舞阪漁港では、遠州灘でのシラス漁が大変盛んです。その漁獲量と操業規模は全国有数を誇ります。遠州灘のシラスは透明度が高いため見た目も美しく、その味と質も全国でトップクラスです。水揚げされたシラスは「シラス干し」に加工され、全国に出荷されており、市場では高い評価を受けています。

浜松餃子

戦後間もない頃から浜松市の食文化として根付いている"浜松餃子"は、浜松を代表するB級グルメであり、市内各地で味わうことができます。浜松餃子は、具にキャベツや白菜などの野菜をふんだんに使用し、付け合わせとして茹でたもやしを添えるのが特徴の1つです。

総務省「家計調査」の「ぎょうざ」の消費支出金額発表を見守る家康くん(2014年1月31日)。2013年、浜松市は全国第2位。

浜松茶

主に、三方ヶ原の戦いで有名な三方ヶ原台地を中心とした地域で「浜松茶」、北遠(天竜区)の山間地で「山のお茶」を栽培しています。「浜松茶」は、温暖で日照時間が比較的長いという条件による、味わい深く香り高いお茶です。また、「山のお茶」は、山間地特有の冷涼な気候、森林と清流、そして肥沃な土壌といった環境で栽培され、独特の渋みと香りの高さが特徴です。

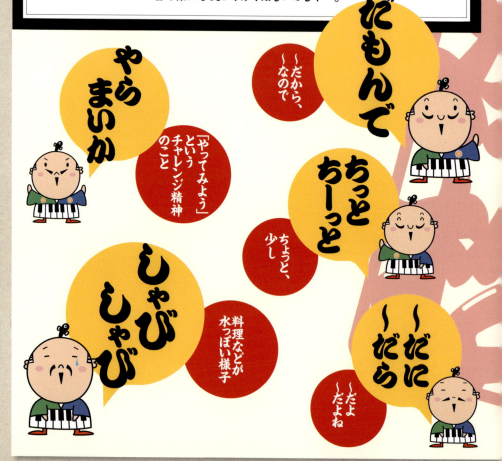

教えて！家康くん
浜松の祭り

浜松まつり（昼）

毎年5月3日〜5日の3日間で行われる。浜松まつりの大きな特徴は、神社仏閣の祭礼とは関係のない「市民参加のまつり」であること。昼間は長男（初子）の誕生を祝うことを起源とする「凧揚げ合戦」。町（自治会）ごとに「組」や「連」で参加する。中田島凧揚げ会場で町紋（凧印）のついた大凧を揚げて、凧の糸をこすり合って、相手の糸を切る。
http://hamamatsu-daisuki.net/matsuri/

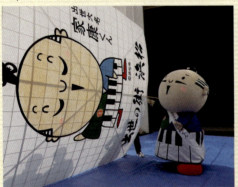

浜松まつり(夜)

夜になると「御殿屋台引き回し」を行う。凧揚げから市街地に帰った若い衆を迎えるために屋台を造って練り歩いたのが始まりと言われ、今では、お囃子が屋台に乗り、彫刻が施された立派な御殿屋台ができている。

浜松まつり会館

浜松まつりの大凧や御殿屋台の実物が展示されており、資料映像などとともに、浜松まつりの熱気と興奮を味わえる。凧揚げ合戦で使われる凧糸は、公平を期すために、このまつり会館でしか買うことができない。

姫様道中

その昔、公家や大名の姫様の行列が通ったという「姫街道」。その故事にちなんで始められた、道中行列を再現して、姫街道を練り歩くお祭り。家康くんも2012年に参加した。

家康くんに聞いてみよう!

Q. 好きな言葉は?

A. 「やらまいか」じゃ。浜松の魅力を皆々様にお伝えするために、何事にもやらまいかの精神を持って挑む所存じゃ

Q. 今までに行った一番遠い所は?

A. 2014年9月にロンドンで行われたジャパン祭に招待されて行ったのじゃ!

Q. イベントに行かない時はなにをしているの?

A.
休みのときは、浜松城でゆっくり体を休めているのじゃ。
2014年7月に設置された「出世旅推進室」の本部長になったので、市役所にいることもあるのじゃ

Q. スペシャルな衣装持ってる?

A.
サンタクロースじゃ!
クリスマスの時期には、
サンタクロースの衣装を着て、
皆々様にお会いすることが
多いのじゃ

年賀状もらった？

2014年は697枚もらったのじゃ。
いただいた年賀状にはすべて
お返事を差し上げたのじゃ。
届いたかのう？
ものすごくありがたいことじゃが、
手が痛かったのじゃ

浜松城

徳川家康が築城した浜松城は、天下統一の礎となりました。家康公が城を離れた後の歴代城主は、幕府の要職に就く者が多く、そのため「出世城」と呼ばれるようになりました。春は桜の名所。2014年3月に完成した天守門の白と、浜松城の黒に桜がキレイに映えます。

HAMAMATSU

出世大名家康くんとめぐる浜松

HAMAMATSU

浜名湖

浜名湖は淡水と海水が混じり合う「汽水湖」で、豊かな自然とドライブや観光、レジャー、グルメスポットとして、浜松市民だけでなく全国的にも人気のエリア。家康くんも大好きな場所です。

HAMAMATSU

中田島砂丘

浜松市南側に広がる中田島砂丘は、日本三大砂丘に数えられることもあります。毎年ゴールデンウィークに開催される浜松まつりの凧揚げ合戦の会場にも近いです。夏にはアオウミガメの産卵が見られます。映画などのロケ地によく使われています。

天竜川

長野県の諏訪湖を水源に、愛知県を通り静岡県を経て遠州灘(太平洋)へ注ぐ川。流域は急峻な地形が多く、古くから「暴れ天竜」として知られ、多くのダムが造られました。

竜ヶ岩洞

浜松市北区引佐町田畑にある鍾乳洞。2億5000万年前の石灰岩地帯に形成された総延長1000mを超える東海地方最大級の観光鍾乳洞で、約400mの観光ルートは繊細で豊富な鍾乳石で彩られ、中でも落差30mの地底の大滝は圧巻です。

産業観光浜松

産業観光とは、「歴史的文化的価値のある産業文化財、生産現場、産業製品などの観光資源を用い、地域内外の人々の交流を図る観光」のことです。
浜松市は、世界に名だたる企業がたくさんあり、「ものづくり」が盛んな都市として発展してきました。
浜松の産業施設を巡って、さまざまな発見や体験をしてみましょう！

本田宗一郎 ものづくり伝承館

天竜に生まれ育った「本田宗一郎」の業績を顕彰するとともに、人間「本田宗一郎」の人となりや、ものづくり精神を多くの皆さんに伝えています。

開館時間／10:00～16:30　**休館日**／月曜日・火曜日（祝日の場合は開館し、水曜日を休館日とする）、12月29日～翌年1月3日　**入館料**／無料（特別展などを除く）
所在地／〒431-3314　静岡県浜松市天竜区二俣町二俣1112　**TEL**／053-477-4664
HPアドレス／http://www.honda-densyokan.com/

スズキ歴史館

2009年4月オープン。1909年に鈴木式織機製作所を創業し、織機から二輪、四輪へと転身を遂げたスズキの歴史と製品が多く展示されています。また現在のクルマづくりの工程を、多彩な構成で紹介。子どもから大人まで、浜松の歴史と併せて楽しめます。

入館方法／予約制
（電話またはインターネットよりご予約ください）
開館時間／9:00～16:30
休館日／月曜日、年末年始、夏期休暇等
入館料／無料
所在地／〒432-8062　静岡県浜松市南区増楽町1301
TEL／053-440-2020
HPアドレス／https://www.suzuki-rekishikan.jp/

高柳記念 未来技術創造館

浜松はテレビの発祥の地。浜松高等工業学校（現・静岡大学工学部）の助教授だった高柳健次郎が、1926年に「イ」の文字をブラウン管に映し出すことに成功。創造館では、その偉業がわかる資料を展示するほか、性能・サイズ・生産量などで世界一といわれる「浜松発」の部品や製品、企業を紹介しています。

開館時間／10:00〜16:00
休館日／月曜日（祝日の場合は翌日）、年末年始、ゴールデンウィーク、お盆期間、試験日等　**入館料／**無料
所在地／〒432-8561　静岡県浜松市中区城北3-5-1　静岡大学内
TEL／053-478-1402
HPアドレス／http://www.nvrc.rie.shizuoka.ac.jp/takayanagi/

浜松情報BOOKより

航空自衛隊 浜松広報館（エアーパーク）

戦闘機や装備品の展示、シミュレーターや、映像シアターもあり、「見て・体験して・楽しむ」ことができる航空自衛隊のテーマパークです。

開館時間／9:00〜16:00
休館日／月曜日（祝日の場合は翌日）、毎月最終火曜日、年末年始、3月第2週火〜木曜日（その他臨時休館等は開館スケジュールで要確認）
入館料／無料　**所在地／**〒432-8551
静岡県浜松市西区西山町無番地
航空自衛隊浜松基地
浜松広報館（エアーパーク）
TEL／053-472-1121
HPアドレス／http://www.mod.go.jp/asdf/airpark/

浜松市楽器博物館

日本で初めての公立楽器博物館。「世界の楽器を偏りなく平等に展示して、楽器を通して人間の知恵と感性を探る」が展示の基本コンセプトで、世界の楽器約1300点を展示する、「音楽のまち」にふさわしい博物館です。

家康くん「拙者に合うサイズのヘッドホンは用意していないようじゃが、なんとか聴くことができたのじゃ。いい音色じゃの〜」

開館時間／9:30〜17:00　**休館日**／第2・第4水曜日、施設点検日、年末年始、その他臨時休館日
入館料／大人400円、高校生200円〈中学生以下、高齢者(70歳以上)、障害者手帳所持者(介助者が必要な場合は、介助者1名を含む)の常設展観覧料は無料〉特別展は別途特別展観覧券が必要
所在地／〒451-1128　静岡県浜松市中区中央3-9-1
TEL／053-451-1128
HPアドレス／http://www.gakkihaku.jp

鈴木楽器製作所

教育楽器の開発・生産・販売を通じて、生活に密着した音楽文化の普及活動に全力を注いでいます。鈴木楽器が作り出すメロディオンやハーモニカは、幼稚園児から大人まで、幅広い年齢層に愛されています。

家康くん「出家大名家康くんの修行の1つで、鍵盤ハーモニカ『メロディオン』の検査に立ち会ったのじゃ!」

申込方法／見学予定の2週間前までに電話にて事前予約。受け入れ人数は10〜40名(9名以下は不可)
見学可能時間／9:00〜16:00(12:00〜13:00を除く)
定休日／土曜日・日曜日、5月連休、夏季・年末年始
所在地／〒430-0852　静岡県浜松市中区領家2-25-12
TEL／053-461-2325
HPアドレス／http://www.suzuki-music.co.jp

はままつフラワーパーク

浜松は全国屈指の花の生産地。とくにガーベラの生産量は日本一です。浜名湖花博2014が開催された「はままつフラワーパーク」は、四季折々の花々が織り成す憩いのガーデンとして市民に親しまれています。

開園時間／9:00〜17:00で季節により変動
休園日／無休(年末等に臨時休園することがあります)
入園料／大人無料〜1000円、小中学生無料〜500円(花の咲き具合等による園の美しさによって変動)
所在地／〒431-1209
静岡県浜松市西区舘山寺町195
TEL／053-487-0511
HPアドレス／http://e-flowerpark.com/

はままつフルーツパーク時之栖

2013年にリニューアルオープンした日本最大級の広さを誇るフルーツのテーマパークです。ワイナリーやフルーツ工房、イルミネーション、春から初冬にかけては量り売り方式の果物狩り(イチゴ除く)が楽しめます。

開園時間／9:00〜21:00で季節により変動(果樹園ゾーンは17:00まで)
休園日／無休
入園料／大人700円、小中学生350円、未就学児無料
所在地／〒431-2102
静岡県浜松市北区都田町4263-1
TEL／053-428-5211
HPアドレス／http://www.tokinosumika.com/hamamatsufp/

うなぎパイファクトリー

コンシェルジュが説明しながら工場を案内してくれるツアー(要予約)と、自由に館内を見学できるコースがあります。

自由見学／9:30〜17:30 ※16:30でうなぎパイの生産を終了する場合あり。 ※ツアー予約のお客様貸切により、シアター観覧不可の場合あり。
ファクトリーツアー／10:00〜16:00 毎時00分スタート、定員50名、要予約
スマイルツアー／毎週土曜日開催 12:00、16:00スタート、定員30名、要予約
営業日／不定休 **入場料**／無料
所在地／〒432-8006
静岡県浜松市西区大久保町748-51
TEL／053-482-1765(予約受付時間 9:00〜17:00)
HPアドレス／http://www.unagipai-factory.jp/

教えて！家康くん
浜松と音楽

ピアノの鍵盤が家康くんのはかまの柄にもなっているように、浜松市は「音楽のまち」。ここでは浜松と音楽の関わりについて、紹介します。

「製造業」「ものづくりのまち」として発展してきた浜松市は、ピアノをはじめとする楽器産業も盛んです。昭和56年から「音楽のまちづくり」を目指し、国際的なコンクールや、さまざまな音楽公演、音楽を通した国内外の交流事業を実地。また、アクトシティ浜松や浜松市楽器博物館などの文化施設を開設。平成21年に策定した「浜松市文化振興ビジョン」にもとづいて、音楽文化の創造・発信・交流に取り組み、世界レベルの音楽文化や人材が生まれる「音楽の都」を目指しています。

浜松国際ピアノコンクール
（音楽文化の発信）

1991年に浜松市制80周年を記念して、楽器と音楽のまちとしての歴史と伝統を誇るにふさわしい国際的文化事業としてスタート。3年毎に開催されています。世界を目指している多くの若いピアニストに日頃の研鑽の成果を披露する場の提供と彼らの育成、世界の音楽文化の振興、国際交流の推進を目的としています。http://www.hipic.jp/

第8回浜松国際ピアノコンクール本選（2012年11月）

© 浜松国際ピアノコンクール

アクトシティ浜松

国際的なコンクールや、さまざまな音楽公演、音楽を通した国内外の交流事業にも使われる文化施設。プラハ国立劇場（チェコ）と音楽友好交流協定を結んで、音楽文化の交流を展開しています。

家康くん「アクトタワーは『ハーモニカ』の形をしていて、"音楽のまち""楽器のまち"を表現しているのじゃ。拙者のはかまの鍵盤の柄と同じじゃの」

こども音楽鑑賞教室
（音楽文化を担う人材の育成）

浜松市内の小学5年生を対象に、プロのオーケストラとプロの指揮者を招き、市内の音楽教員が内容を企画した音楽の授業を行っています。
アクトシティ浜松大ホールを会場に、名曲鑑賞や楽器と曲の解説、オーケストラと児童との合唱や合奏など、多彩なプログラムで本物の音楽に触れる機会を提供しています。

家康くん「浜松の子ども達は全員"オーケストラ"を学ぶのじゃ！」

プロムナードコンサート
（音楽のある環境づくりの推進）

1984年にスタートした吹奏楽のコンサートです。浜松駅北口広場「キタラ」を会場に、小学生、中学生、高校生、大学生や社会人が4月から10月（8月除く）までの土曜日の午後に演奏をしています。
http://www.hcf.or.jp/hall/prom.php

ハママツ・ジャズ・ウィーク
（音楽のある環境づくりの推進）

1992年にスタートした、「まち中に音楽があり、音楽がまちをつくり出す」ことを目指し、世代を問わず楽しめる「ジャズ」をテーマに官民一体となって企画運営するユニークな地域文化イベントです。
http://jp.yamaha.com/sp/events/hjw/

家康くんテーマ曲

『出世大名家康くんテーマ曲』は、軽快でリズミカルな音楽とラップ調の曲に合わせて、家康くんがキレのあるダンスをします。

家康くん「YouTubeでも配信されているので、皆々様にもこのテーマ曲とダンスを覚えていただき、小学校や幼稚園などの運動会や、色々なイベントなどで踊っていただけると、ありがたき幸せじゃ。どこかの会場で、拙者と一緒にダンスをしましょうぞ!!!」

YouTubeは、公式『出世大名家康くん』プロモーション映像、で検索してね！

天下統一合戦
～ゆるキャラ®グランプリ2013への軌跡～

2013年夏、出世大名家康くんは、
公式サイト「出世大名家康くん 天下統一への道(http://ieyasu-kun.jp/)」をオープンし、
『ゆるキャラ®グランプリ2013』参戦に向けて「天下統一合戦」を開始しました。
前年の『ゆるキャラ®グランプリ2012』では惜しくも第7位、
その雪辱を果たすべく、グランプリ獲得を狙った天下統一に向けて出陣です。
天下統一合戦では、浜松の魅力を武器に全国のライバルに果たし状を叩きつけ、
"ゆるくない闘い"を展開。
万が一、1位を逃した場合"出家大名家康くん"へと改名するという
「天下統一宣言」も発表している出世大名家康くん、はたして天下統一は成し遂げられるのか?!

2013年8月6日
家康公と深いつながりがある増上寺での必勝祈願。

日本一になりたい、日本一になりたい、
日本一になりたいのじゃ～!!!
(2013年8月8日:ブログ「家康くん日記」より)

天下統一宣言

皆の者、よく聞くがよい。

拙者、出世大名家康くんは、浜松の宿敵ともに果たし合いを申し込む。

拙者、昨年の「ゆるキャラ®グランプリ」において、結果は第七位。
口惜しくて口惜しくて仕方なかったのじゃ!!!!!
今年は必ずや頂点に立ちたい。人気キャラになりたい。みんなに好かれたい。

世はゆるキャラ戦国時代、拙者独りの力では至難の業かもしれぬ。
しかし浜松には「うなぎ」はもちろん、「浜名湖」やら「音楽」やら、
あまたの武器が存在する。
浜松の特産品を出世させ、果ては拙者も出世して、
「ゆるキャラ®グランプリ2013」において、頂点に立ってみせるのじゃ!

万が一、頂点を逃した折には、自慢のちょんまげを落とし
「出世大名」から「出家大名」に改名する覚悟!
ゆるキャラ®グランプリ天下統一への道へ、

いざ、出陣じゃ!

出陣式

出陣の儀で、「天下統一宣言」をし、拙者の並々ならぬ『ゆるキャラⓇグランプリ』への決意を明らかにしたのじゃ!!! いつものように代読では気が済まず、初めて皆々様の前で声を出して喋ってしまったのじゃ!!!
(2013年8月8日:ブログ「家康くん日記」より)

❖ **第壱戦 果たし状**
まずは浜松が誇る名産、「浜名湖うなぎ」を脅かす「どぜう」とやらに対決を申し込む!

果たし状

第壱戦 果たし状 東京都 台東区　どぜう殿

東京には、我らが浜松うなぎの存在を脅かすものがあると聞く。
奇しくも、家康公のお膝元で大きな顔をしていると聞いては、黙っちゃおれん。

どぜう殿よ、「うなぎ一匹、どぜう一匹」などと言われて、
肩を並べたつもりとは笑止千万!

かつて、うなぎの優れた栄養価は、江戸の元気の源だったのじゃ。
その時代にうまれた土用の丑の日は、いまや日本全国に定着しておる。
中でも、浜名湖の豊かな環境で育ったうなぎとくれば、
お主とは比べ物にならぬスタミナ源じゃ!
さあ覚悟はよろしいか。因縁のスタミナ対決、いざ尋常に勝負されたし。
勝負を前にして、お主の小さな体がニョロニョロと震えておるのなら、
浜松うなぎで精をつけてから臨むがよいぞ。

静岡県浜松市　うなぎ
後見人　出世大名家康くん拝

天下統一合戦
〈第壱戦〉

第壱戦「うなぎ vs どぜう」
敵対する"どぜう"に戦いを挑むため、お江戸に赴いたのじゃ。
台東区に果たし状を突きつけ、拙者の熱い思いを伝えたのじゃ!!
(2013年8月29日:ブログ「家康くん日記」より)

「チームうなぎ」大将として、台東くん殿率いる「チームどぜう」に「スタミナ食材対決」で勝負を挑む！

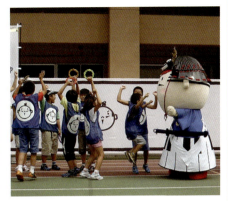

第壱戦はぎりぎり勝利じゃ!!

「うなぎ・どじょうつかみどり対決」の後はうなぎ丼、どじょう丼を食べてスタミナ補給。万歩計を付けてニョロニョロダンスをして、その数の合計値で勝ち負けを決めるのじゃ！

結果発表

チームどぜう　2213回
チームうなぎ　2220回

❖ **天下統一合戦**
次は、日本一の湖、琵琶湖に対決を申し込む！
湖界の下剋上を目指すのじゃ！

果たし状

滋賀県 琵琶湖 殿

貴殿に問おう。日本一の湖とは、なんぞや。

団体が大きいことばかりが、もてはやされる時代は終わった。
人を楽しませ、そして愛されてこそ、日本一！
おもてなしの京都、お笑いの大阪のそばにある貴殿であれば、
よもや、わからんはずはあるまい。

我が浜名湖は、
名湯「舘山寺温泉」や遊園地「浜名湖パルパル」を有し、
潮干狩りやウォータースポーツも盛ん！
老若男女に笑顔を与え、愛されておる浜名湖こそ、
真の日本一にふさわしいのじゃ！

琵琶湖殿よ。つまらない湖なぞ、
どんなに大きかろうが、水たまりも同然じゃ！

今こそ、おもしろい湖の頂点を決める時！
浜名湖、日本一への下剋上、必ずや果たしてみせようぞ！

静岡県浜松市 浜名湖
後見人 出世大名家康くん拝

天下統一合戦
〈第弐戦〉

第弐戦「浜名湖vs琵琶湖」

この闘いは、浜松市の魅力である「浜名湖」を武器とし、日本一の大きさを誇る滋賀県の「琵琶湖」に対して果たし状を送りつけ、日本一おもしろい湖を決める闘いを行ったのじゃ。
（2013年10月2日：出世大名家康くんFacebookより）

広さではなく、皆々様に愛される湖、おもしろい湖で一番になるのじゃ！

合戦には"超やらまいかバージョン"の兜の緒をしめ、滋賀県のマスコットキャラクターであるビワコオオナマズの"キャッフィー"殿と琵琶湖で死闘を繰り広げたのじゃ!

結果発表
チーム琵琶湖の勝利！

練習したモーターボートではなく、ウォーターボール対決で負けてしまったのじゃー。

❖ 天下統一合戦
次は、音楽のまち・浜松が、横濱JAZZプロムナードに勝負を挑む！

第参戦 果たし状

果たし状

横濱 JAZZプロムナード殿

横浜の樹を虜にした、貴殿に物申す！
音楽のまち・浜松を差し置いて、
日本最大級のジャズイベントを名乗るとは何事か！

浜松の音楽愛の深さたるや、自ら楽器をつくってしまうほど。
そんな民の愛に応えるハママツ・ジャズ・ウィークこそ
日本一のジャズイベントにふさわしいのじゃ！

思い返せば150年前。そう、徳川の時代。
早くより開港した横浜にジャズがもたらされたのも、
あえて言えば、徳川あってのことではなかったか。
恩を売ろうなどとは、思っておらん。
此度、売るのはケンカでござる！
貴殿以上のジャズの腕前で、聴衆を沸かせてみせようぞ！

ついては、拙者家康くん自らそちらに赴き、
浜松ジャズの神髄を、披露してしんぜよう。
拙者のピアノ柄の袴が伊達ではないこと、思い知るがよい！

ハママツ・ジャズ・ウィーク
披露人 出世大名家康くん拝

天下統一合戦
〈第参戦〉

第参戦「浜松JAZZ vs 横濱JAZZ」
ナント!! この対決で拙者が複数(!?)登場してしまったのじゃ。やってしまったのじゃー!!!!!!!!
しかもじゃ!!! ジャズの生演奏もご披露させていただいたのじゃ。
(2013年10月25日:出世大名家康くんFacebookより)

琵琶湖戦での敗退により、弱ってしまった拙者。弱気な心がネガティブ三兄弟を生み出してしまう。しかし「おはま」の愛のムチもあって、横濱JAZZに立ち向かう。拙者たちの浜松JAZZが横濱の観客を盛り上げることができたら拙者の勝ちじゃ。

ネガティブ三兄弟（ムリ康くん、アマ康くん、弱康くん）

そして
ゆるキャラ®
グランプリ
2013は!?

結果発表
ネガティブな心を払拭した三兄弟とともに、
浜松ジャズを披露。ステージは大成功！
よって第参戦は勝利！

『ゆるキャラ®・オブ・ザ・イヤー』の授賞式のため、東京モーターショーに参上したのじゃ！くまモン殿、バリィさん殿が迎える中、拙者の登場じゃ!!

ゆるキャラ®グランプリ 2013

準グランプリ

全員で記念撮影。お隣磐田市のしっぺい殿も一緒にイベントに参加したのじゃ♪

「ゆるキャラ®グランプリ2013」上位キャラクターがこのイベントにお呼ばれしたのじゃ。ふっかちゃん殿、サングラス姿もなかなかきまっているの〜。

いざ、ステージに出発じゃ。

拙者は1580キャラクター中、なんと2位を獲得！準グランプリなのじゃ!!
「ありがとなのじゃー!!!」

上位3位のさのまる殿、ぐんまちゃん殿、企業・その他ゆるキャラ1位のコーすけ殿といっしょにパチリ、じゃ。

バリィさん殿とくまモン殿もお祝いにかけつけてくれたのじゃ。

ステージ裏でひといきついたのじゃ。緊張したの〜。

そしてブースに戻り、結果報告じゃ。本当に感謝しているのじゃー!!!

「ゆるキャラ®グランプリ」
報告会

浜松市ギャラリーモール"ソラモ"にて、「ゆるキャラ®グランプリ」の報告会を行ったのじゃ。
大きなふわふわ家康くんも登場！ 惜しくも準グランプリという結果に終わり、出家する覚悟を示したのじゃ。

最後はこのポーズ。皆々様、拙者が何を言いたいかわかるじゃろ？ かの有名な徳川家康公の「しかみ像」をまねてみたのじゃ。この悔しさをバネに、これからも頑張りますぞ!!

しかみ像って？

徳川美術館所蔵 ©徳川美術館
イメージアーカイブ/DNPartcom

　1573年1月25日、三方ヶ原（現在の静岡県浜松市北区三方原町近辺）において、徳川家康は1万1000人の軍を率いて、武田信玄軍（2万7000人）と戦いました（三方ヶ原の戦い）。家康軍は大敗を喫し、家康自身も、家臣を身代わりにするなどして命からがら浜松城へと逃げ帰ります。浜松城に辿りついた家康は自分の肖像画を描かせます。武田信玄に無謀ともいえる戦いを挑み、多くの家臣や兵を失ってしまった自分への戒めのため、その苦渋に満ちた表情の肖像画を見ては、この敗戦を忘れないようにしたということです。これが、「徳川家康三方ヶ原戦役画像」、通称「顰像（しかみぞう）」です。

敗北、そして出家へ

出家宣言

拙者、出世大名家康くんは、
先の「ゆるキャラRグランプリ2013」にて
夢叶わずして無念の第2位！
皆さまから、身に余るほどの応援をいただきながら、
ゆるキャラ界の天下統一は果たせず仕舞い。
これも、拙者の力不足故じゃ。

ついては本日、自慢のちょんまげを断髪し、
出世大名から出家大名に
改名することを宣言するで候。

しかし！名前や髪型が変わろうと、
拙者が浜松を愛する気持ちに変わりはない！
引き続き、「出世の街浜松」を
全身全霊を捧げ、盛り上げていく所存じゃ！

どうぞこれからも、我が浜松と
「出家大名家康くん」の応援を、
何卒お願み申し上げまする。

平成二五年 一二月一八日。
出世大名 改め 出家大名家康くん 拝

出家の儀 断髪式

「出家の儀 断髪式」が行われたのじゃ。「出家宣言」を読み上げ、うなぎのちょんまげにおはま(2013年ミス浜松グランプリ／山本来音さん)の手でハサミが入れられたのじゃ。
"出世大名家康くん" 改め、"出家大名家康くん" である!

大事なうなぎのちょんまげは、市役所1階ロビーに展示されたのじゃ。実際に読み上げた「出家宣言」や拙者の"しかみ像" も展示されており、連日たくさんの方がこれを見にやって来たのじゃ。

出家修行の日々

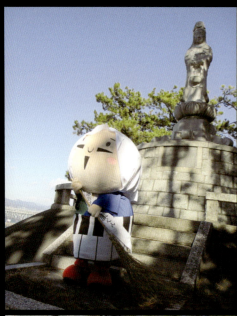

再び出世大名になることを夢見て、修行することにした拙者。うなぎ観音へ行きお掃除し、東照宮(引馬城址)に参拝。犀ケ崖資料館で精神修養ということで書をしたため、座禅を組み、「くるみ共同作業所」で作業のお手伝いなどをしたのじゃ。

前かけをした姿はまるで"てるてる坊主"。養鰻場に修行に参ったのじゃ！
うなぎ料理専門店でも見習い修行をしたのじゃ。
「修行を積めばきっとちょんまげが戻るよ」と供の者に言われたのじゃが、本当かの〜？
その言葉を信じて頑張るしかないのじゃ！

うなぎ観音って？

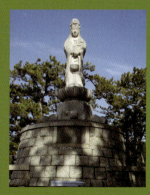

　浜名湖畔の浮見堂近くに立つうなぎの霊を奉る魚籃観音大菩薩像（ぎょらんかんのんだいぼさつぞう）。愛称「うなぎ観音」。仏道の戒律を破り殺生しなければ生きていけない猟師たちの心を憂いた観音が、自ら魚籃（釣った魚を入れる容器のこと）をささげ魚を施し信仰をすすめた姿と言われているそうです。観音様は花崗岩製で、全長3.3m、重量6.8t、地上からの高さは8m。観音様は、うなぎの稚魚であるシラスウナギが遡上してくる浜名湖口の方角を向いており、穏やかな顔で海から戻るシラスウナギを優しく見守っているようです。
　1936（昭和11）年に行われた鰻霊供養と放生会（ほうじょうえ）をきっかけに、翌年、中ノ島に浜名水産会が建立し、1968（昭和43）年に現在の場所、浜名湖の南に位置する乙女園に移転しました。
　毎年8月24日には全国の養鰻業者が集まり、鰻供養祭が行われます。

復活！出世大名 家康くん

先日、うなぎ観音様から不思議なお告げがあったのじゃ。
そのお告げのとおり、観音様を訪れると、「金の太刀」を発見!! ちょんまげもすっかり元通り。これで晴れて"出世大名家康くん"に復活じゃー！ "七転八起"、多くの困難にもめげず、これからも頑張ってゆくのじゃ！

「出世大名家康くん」として復活したのじゃー!! 生え変わったちょんまげを、ぜひ触ってほしいのじゃ！

「出家の儀」で落としたうなぎのちょんまげ同様、うなぎ観音様からいただいた「金の太刀」は市役所1階ロビーに展示されたのじゃよ。

挑戦はまだまだ続く……。

家康くんと浜松を歩こう

浜松市内の徳川家康公ゆかりの地を歩いて巡る「家康の散歩道」。
出世大名家康くんといっしょにいくつかのスポットを歩いてみました。
出世スポットとしてご利益があるかも?!

❶ 徳川秀忠公誕生の井戸
↓ 800m(徒歩10分)

❷ 浜松八幡宮
↓ 400m(徒歩5分)

❸ 椿姫観音
↓ 700m(徒歩9分)

❹ 浜松元城東照宮
↓ 1000m(徒歩12分)

❺ 五社神社・諏訪神社
↓ 570m(徒歩7分)

❻ 家康公鎧掛松
↓ 100m(徒歩2分)

❼ 浜松城
↓ 1200m(徒歩18分)

❽ 本多肥後守忠真の碑
↓ すぐ

❾ 犀ヶ崖古戦場
↓ 20m(徒歩20秒)

❿ 夏目次郎左衛門吉信の碑
↓ 1300m(徒歩19分)

⓫ 普済寺
↓ 300m(徒歩5分)

⓬ 西来院
↓ 450m(徒歩7分)

⓭ 宗源院
↓ 1200m(徒歩18分)

⓮ 浜松市博物館
↓ 400m(徒歩6分)

⓯ 太刀洗の池

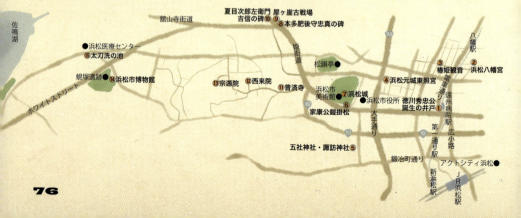

❻ 家康公鎧掛松

三方ヶ原の戦いのあと、浜松城に逃げ帰った家康公が鎧を掛けたとされる松。現在の松は3代目。

❼ 浜松城

家康公が築城した遠江の拠点となった城。野面積みの石垣は、ほぼ戦国時代のまま。平成26年に天守門が建てられた。

❹ 浜松元城東照宮

社殿のいたるところに三つ葉葵の御紋が使われた、家康公を祀ったお社。家康公が三河から遠江に入ったときに今川の拠点だった引間城址。

❸ 椿姫観音

家康の正室・築山御前と縁のあった引馬城主お田鶴の方が祀られている。築山御前が塚の周りにたくさんの椿の花を植えたことから、椿姫の名がついた。

❷ 浜松八幡宮

家康公も武運を祈願したという、樹齢1000年超えの「雲立のクス」がある。

❶ 徳川秀忠公 誕生の井戸

二代将軍徳川秀忠公の産湯に使われた井戸がこの辺りにあったという伝承から作られた井戸。2説ある出生の地のうちの1つ。

❺ 五社神社・諏訪神社

浜松城内にあった五社神社は二代将軍秀忠公の産土神として、諏訪神社は三代将軍家光公の命により、それぞれこの地に遷座。1962年に1つの神社として合祀された。

⑮ 太刀洗の池

家康公の正室・築山御前が謀反の疑いにより処刑され、その刀を洗ったとされる池。現在は池は埋め立てられ、碑だけが残る。

⑭ 浜松市博物館

原始〜現代までの浜松の歴史を知ることができる。家康公関連の資料も展示されている。

❿ 夏目次郎左衛門吉信の碑
三方ヶ原の戦いの際、家康公の身代わりとなって討ち死にしたといわれる家臣の碑。

❾ 犀ヶ崖古戦場
三方ヶ原の戦いの後、武田信玄軍に奇襲をかけたとされる戦場跡。

❽ 本多肥後守忠真の碑
三方ヶ原の戦いにおいて、家康公を守るためしんがりを務め、討ち死にした英雄をたたえる碑。

⓭ 宗源院
徳川家ゆかりの武将たちの墓がある寺院。家康公が弓の稽古をしたといわれている。

⓬ 西来院
家康公の正妻・築山御前の霊廟が置かれた寺。前庭の藤が有名。

⓫ 普済寺
遠江における曹洞宗の拠点。

出世大名家康くんと ご当地キャラのおともだち

ふっかちゃん
（埼玉県深谷市）
「ご当地キャラクターフェスティバルinすみだ2014」に参上！ふっかちゃん殿と記念撮影したのじゃ。（2014.5.31）

さのまる
（栃木県佐野市）
「かなキャラ大集合!」のイベントに行ってきたのじゃ！特別ゲストのさのまる殿とパチリ。（2014.4.26）

ぐんまちゃん
（群馬県）

「浜名湖花博」にぐんまちゃん殿が来てくれたのじゃ。二人で手を繋いで帰ったのじゃ♪
(2014.3.24)

しっぺい
（静岡県磐田市）

「フェスタFDK」にお呼ばれしたので、ところ変わって湖西市の工場でイベントじゃ。しっぺい殿とパチリ、じゃ！
(2014.1.6)

くまモン
（熊本県）

「ゆるキャラ®グランプリ2013」の表彰式では、くまモン殿にもお祝いをしてもらったのじゃ。（写真は2012年のグランプリで撮ったものじゃ）
(2013.11.24)

バリィさん
（愛媛県今治市）

同じ舞台に立つ、ゆるキャラとしては…バリィさん殿にあやかりたいものじゃの〜!!
（写真は2012年のゆるキャラ®グランプリで撮ったものじゃ）　(2013.8.13)

しまねっこ
（島根県）

しまねっこ殿とも記念撮影したのじゃ。
(2012.11.24)

与一くん
（栃木県大田原市）

与一くん殿とパチリ、じゃ！
(2012.11.24)

おしまちゃん
（静岡県島田市商工会）

「ゆるキャラ®さみっとin羽生」で拙者の隣のブースにいた島田のおしまちゃん殿じゃ。かわいいの〜。　(2012.11.24)

ちっちゃい おっさん
（兵庫県尼崎市／非公式）

ちっちゃいおっさん殿とパチリ、じゃ。
(2012.11.24)

あゆコロ ちゃん
（神奈川県厚木市）

「浜松まつり」に遊びに来てくれたあゆコロちゃん殿、拙者の凧と記念撮影じゃ。　(2012.5.3)

家康くん、あこがれの百田さんに直撃インタビュー

平成26年度の浜松市やらまいか大使に就任した、
アイドルの百田夏菜子（ももいろクローバーZ）さん。
委嘱式を終えたばかりの百田さんに、家康くんが直撃！ 浜松の魅力を語っていただきました。

浜松のほんわかのんびりの空気が本当に大好き

家康くん(以下:家)● はじめまして、なのじゃ〜。
百田さん(以下:百)● はじめまして、よろしくおねがいします。

家● 百田殿は今回、浜松市の「やらまいか大使(注1)」に就任したわけなのじゃが、まずは浜松の魅力を語ってもらおうかのう?
百● (全体が)のんびりしているところですね。うなぎがおいしいことも。あと、風が強いので、真夏で日差しが強くても、風が吹いて気持ち良くて、ひなたぼっこをするなら浜松!と思います。

家● 東京とくらべて、浜松はのんびりしとるかのう?
百● 浜松のほんわかのんびりした空気が本当に大好きで、(東京で)お仕事をしていると、私はのんびりしているってよく言われるんですが、浜松にいるとそれがふつうで、それで「浜松に帰ってきたな」と思えるんです。あと、エスカレーターで東京は右が空いていて、大阪だと左が空いていて、空いてる方を歩く。歩く人はなんでみんなそんなに急ぐんだろうって。浜松だとどっちでも良いし、友だちと乗っても前後に乗るんじゃなくて、そのまま並んで乗れるのが、良いです。

家● なるほどのー。ぜんぜん浜松を知らないという皆々様にまずアピールするならどんなところかのう?
百● ほどよく田舎でほどよく都会で、でも都会すぎず田舎すぎずな素晴らしいバランスが浜松の魅力だと思います。ちょっと外れるとすごく自然がきれいで、でも全然不便じゃなくて、いろんなお店もあったり。このちょうど良いバランスが住みやすい点だと思います。

家● お友だちと遊びに行く時はどこへ行くことが多いのかの?
百● 街です。イオンに行ったりもしますし、映画ならザザ(ザザシティ浜松)とか。街に出ると何でもあるじゃないですか。なので、「とりあえず街行こっか」ってなって、それから考えます。

家● (小さい頃の)思い出の場所などはあるかの?
百● ちょうど昨日お母さんとも話していたんですけど、夏休みに浜名湖とプールを行き来していて、特に亀崎のプール(注2)には、毎日のように行きました。まっすぐなスライダーが大好きでした。

家● 浜松で一番好きな場所といえばどこかのう?
百● やっぱり浜名湖かな。ちっちゃい頃、浜名湖に本当によく行きました。お父さんとお兄ちゃんが釣りが好きで、釣りに行くのについて行って、湖でバシャバシャ遊んでいました。
メンバーと浜名湖に行ったこともありますよ。皆行きたいって言ってくれてたんですけど、若干遠いじゃ

委嘱書を手にする百田さん。「夏」をイメージした衣装を着てきてくれました。

(注1)やらまいか大使:浜松の魅力を国内外に広く発信することを使命とした親善大使。ひとりでも多くの方に「はままつを知ってもらう」「ハママツに来てもらう」「HAMAMATSUの素晴らしさを感じてもらう」そして「浜松を好きになってもらう」ための活動を行う。

(注2)亀崎のプール:亀崎ファミリーランドプールのこと、浜松市雄踏町総合公園内にある。

ないですか、(東京から)浜松って。でも、ちょうど行けるって時があって、(玉井)詩織と佐々木(彩夏)といっしょに行きました。夏だったんで浜名湖行って、皆でお父さんに湖にバシャーンと放り投げてもらったりして遊びました。
家●潮干狩りとか？
百●潮干狩り、めっちゃしました。あ、でももう今できないんですよね？
(供の者)●そうなんです、去年は中止で、今年も制限されててできないんです。
百●でも、昔は(規制などが)なくて、たくさん採って、一週間アサリ料理だったこともあります(笑)
家●やらまいか大使専用名刺の裏の施設(注3)でオススメはあるかの？
百●フルーツパーク、フラワーパークはオススメです。フラワーパーク、今(6月)でしたっけ？　すごい花が咲く時期って。こっち(浜松)の友だちが、この前会ったときに「フラワーパーク、ちょっとヤバいから行こうよ」って、ちょうど約束したところなんです。

委嘱式には家康くんも駆けつけ、鈴木市長といっしょに、ももいろクローバーZのポーズを決めた。

(注3)名刺の裏の施設：やらまいか大使が専用名刺を配り、多くの人に浜松をPRしていく中で、名刺を受け取った人は浜松城、浜松市楽器博物館、木下恵介記念館、浜松まつり会館、浜松市動物園、はままつフラワーパーク、はままつフルーツパーク時之栖、浜松市秋野不矩美術館の8つの施設が入場無料となる特典がある。

一番好きなスイーツは、「さくらごはん」？！

家●拙者の好物でもあるうなぎは好きかのう？
百●はい。あの、(関西風の)パリパリのうなぎの方が私は好きです。

家●浜松では(関西風も関東風も)どちらも楽しめるからの。他には？
百●うなぎパイとか。差し入れとかにも持って行きます。100%、皆よろこんで食べてくれますよ。プレミアムなやつもありますよね。ブランデーが入っている、ゴールドのも持って行くんですけど、ちょっと豪華じゃないですか、皆「良いものをいただいちゃって…」と恐る恐る(笑)食べてくれました。

家●百田殿といえば「茶畑のシンデレラ」というキャッチフレーズもあるが、百田殿にとってお茶はどんな存在かのう？
百●お茶、本当に美味しいですよね。私はジュースよりもお茶が好きなんです。あと、お仕事を休む時の理由によく「茶摘み」って言ってます。

家●他に浜松の食べ物だと？
百●おでん！　これは浜松じゃなくて静岡か。私はだし粉(カツオ・イワシなどから作る魚粉)をかけるのが好きで、静岡のコンビニって、おでんを買うとちっこい袋のだし粉を付けてくれるんです。
(供の者)●だし粉と、お味噌を選べるところもありますね。
百●え、そうなんだ！　私はだし粉派ですね。でも、東京だともらえないので、がっかり。「あれ??」って残念でした。

家●スイーツも好きとか。浜松のスイーツといえば？
百●スイーツ大好きです。でも浜松のスイーツってな

んだろう?……ぜんぜんスイーツじゃなくてもいいですか?
(一同)●(笑)
百●私、「さくらごはん」が大好きなんです。浜松の学校給食で出てくるんですけど、おしょうゆのね…。
(供の者)●しょうゆと砂糖味の、具の無い炊き込みご飯のような感じです。(静岡)県の西部で食べられています。
百●すっごい美味しいんですよ! あれ、何であんなに美味しいんですかね?
(供の者)●子どもの頃から食べているから……家でも作りますけど。
百●でもやっぱり給食のイメージが強いです。これは静岡なのか浜松なのかわからないですけど、こっちのご飯って銀色のパックに入っているんですよ。でも、この前メンバーと給食の話になって、「パックに入ってたよね」って言ったら、「え? 何、パックって?」って(笑)。この前、テレビで(浜松の)給食が映っていて、その銀のパックも出ていたので、写真を撮っておきました。メンバーに見せようと思ってます。

よく使う方言は、「~だら」「~だに」

家●百田殿は仕事で浜松と東京を行き来しておるが、方言とか風習で戸惑ったことはあるかのう?
百●方言はわかってもらえないことが多いですね。小5から東京に通い始めたんですけど、最初は「~だら」とか「~だに」とか言ってたら、皆の頭の上にクエスチョンマークが見えました(笑)。「え? 何?」って。「ちょっと何言ってるかわからない」みたいになっていたので、東京行っている時は(方言が出ないように)気をつけるようにしていました。でも、最近はお仕事してても、やたら方言が出るんです。メンバーにも「使いなよ」って言われるんですけど、そう言われたら逆にもったいぶって出さない、みたいな。最初は「だもんで」が通じなかったんですけど、いつの間にかメンバーにもうつっていました。

家●出世の街といわれている浜松のご利益はあったかのう?
百●素晴らしいですね。浜松に生まれて今の私があるし、さっきも家康くんのちょんまげを触らせてもらったので、まだ出世できると思っています。もっと出世して、浜松ってすごいなといろんな人に思ってもらいたいです。
家●それでは、浜松のPRをよろしく頼みますぞ。
百●はい、家康くんといっしょにがんばります!

家●ちなみに拙者のことは知っていてくれたかのう?
百●もちろん! 断髪式とかも知ってましたよ。ちょっとショックだったんですよ、うなぎが取れちゃったの。どうなっちゃうんだろうって思っていたんですけど、取れても可愛かったです。今日は私のウチワとか持って来てくれて、ありがとうございました。

百田夏菜子(ももた・かなこ)さんプロフィール

1994年生まれ、静岡県浜松市出身。スーパーユニット、週末ヒロイン「ももいろクローバーZ」のメンバー。いま、最も注目されているアーティストの一人として多方面で活躍中。

▶羽生市提供

探してみよう
家康くん

出世の街浜松では、
いろんなところに出世大名家康くんを見かけます。
あなたはいくつ知っていましたか？

2013年11月23日（土）に埼玉県羽生市で開催された「ゆるキャラ®さみっとin羽生」でマスコット最多集合世界記録達成！(376キャラクター)。この中にいる家康くんを見つけることができるかな？（答えは90ページ）

ユニバーサルデザインタクシー
（通称：みんなのタクシー）
2013年10月
UDタクシーに親しみを持ってもらうため、「出世大名家康くん」をデザインしたステッカーを貼付した「家康くん号」が市内の運行を開始した。

ナイスパス：遠州鉄道の乗車カード
2013年9月
家康くんの絵が描かれたナイスパス（遠州鉄道の乗車カード）。バス版350枚、電車版350枚の計700枚が発売されたが、一日で完売する人気ぶりだった。
※現在は販売されておりません。

モザイカルチャー
2012年8月
JR浜松駅北口広場「キタラ」にある、モザイカルチャーで作られた家康くん。高さ4メートル、奥行き2.5メートル、左手から右手までの長さは3.1メートルで、顔の大きさは2.5メートルもある。「モザイカルチャー」とは、鉄骨の骨組みに、シートを張り土をつめて、花の苗を植え込んでつくるアート作品のこと。浜松は"日本のモザイカルチャー発祥の地"。下の写真は、2013年9月に行われた「家康くんゆるキャラ®グランプリ日本一獲得決起集会」にて、駆けつけてくれた武将隊、H&A.と。

出世大名家康くん号
2013年9月
遠州鉄道「出世大名家康くん号」が運行された。
※現在は運行されておりません。

ホテルコンコルド浜松
『出世大名家康くんルーム』

2013年4月

家康くんのイラストが部屋中至る所に使われた『出世大名家康くんルーム』が登場。内装は、浜松デザインカレッジの学生のアイデアが採用されており、「紅葉(もみじ)」と「若草(わかくさ)」という2部屋がある。

部屋の窓からは、浜松城も見える。

家康くんはココにいたよ!

88ページの答え

「一番奥の列のほぼ中央にいて、正面を向いている拙者を見つけることができたかの? それにしてもすごい数のゆるキャラが集まったものじゃのう…」

出世大名家康くん
オフィシャルグッズ トップ30

インターネットショップ「家康くん.jp」http://www.ieyasukun.jp/
(2013/7/1〜2014/6/30の年間ランキングより)

価格は2014年7月現在のもの

順位	商品名	価格（税込）	メーカー
1	運気上昇　出世大名家康くんぬいぐるみ	大：2,572円 中：1,646円 小：823円	株式会社サツ川製作所
2	家康くん生ビールストラップ	432円	有限会社B.I.通商
3	深蒸し茶飴「出世玉」	260円	まるたま製茶
4	家康くんミニソーラーLEDライト	540円	株式会社キャッツアイビー
5	大好き家康ぽん　袋（8枚入り）	540円	有限会社ヒコサカ企画
6	運気上昇　出世大名家康くんストラップ	617円	株式会社サツ川製作所
7	アロマボード（ヒノキ風呂）	105円	小掠プレス
8	家康くん　小判	850円	株式会社エンブレム
9	家康くんウェットティッシュ	350円	メディアミックス株式会社
10	焼印出世枡	324円	小楠鋳材店
11	大出世フェイス＆ボディたおる	864円	廣瀬工房
12	浜松茶出世ちっぷす（ほうじ茶）120g	360円	まるたま製茶
13	出世大名家康くん　鈴根付　紐	486円	有限会社B.I.通商
14	出世大名家康くん　出世ライト	515円	有限会社B.I.通商
15	出世大名家康くんピンバッジ	617円	株式会社サツ川製作所
16	ひとことシールじゃ	270円	株式会社キャッツアイビー
17	出世大名家康くん　鈴根付　ビーズ	486円	有限会社B.I.通商
18	家康くん抗菌マスクケース	216円	有限会社B.I.通商
19	家康くんの一筆箋	520円	株式会社ブングボックス
20	運気上昇　出世大名家康くんストラップ　チェーン	617円	株式会社サツ川製作所
21	家康くん深蒸し茶　80g	864円	まるたま製茶
22	ゴルフボール	540円	株式会社キャッツアイビー
23	大出世ストラップ（純金メッキ）おみくじ付	540円	株式会社キャッツアイビー
24	浜松産絵馬	焼印：400円 柄：500円	小掠プレス
25	浜松産ヒノキのマグネット	300円	小掠プレス
26	大出世ぷちたおる	540円	廣瀬工房
27	ファスナー付きリストバンド	500円	ART-Q株式会社
28	出世大名家康くん濱松ぎょうざ12個入り	840円	ぎょうざの天海
29	Tシャツ（凧）	1,575円	マックカット
30	焼印出世木札	216円	小楠鋳材店

家康くんホームページ
出世大名家康くんオフィシャルサイト（http://ieyasu-kun.jp/）
2014年4月にリニューアルされた、出世大名家康くんのオフィシャルサイト。イベントの参加などのスケジュールもチェックできる。家康くん日記（http://hamamatsunogenki.hamazo.tv/）には、TwitterやFacebookには載らない写真がアップされることがある。

INFORMATION
インフォメーション

ファンクラブ
家康くんファンクラブ
（http://ieyasu-kun.jp/fanclub/）
オフィシャルサイトから行ける家康くんのファンクラブ。会員限定のコンテンツがある。

家康くんTwitter
出世大名家康くんTwitter
(https://twitter.com/ieyasukun100)
日々の活動や告知などが更新されている。イベント参加中でもツイートすることがあるので、リアルタイムな家康くんの活動が追いかけられる。運がよければ家康くんからお返事が届くかも！

家康くんFacebook
出世大名家康くんFacebook
(https://www.facebook.com/ieyasukun)
日々の活動記録や告知などが更新されている。

日曜日の浜松城公園

「毎週日曜日、浜松城公園で家康くんに会えます」
2013年7月より始まった、家康くんの浜松城散策。毎週日曜日の11時と13時に浜松城公園内に登場予定(変更になる場合あり)。気軽に家康くんに会えるのが嬉しい。
2014年7月には、「浜松城散策一周年記念イベント」も行われ、さのまる、しっぺい、フッピー、さくまるがお祝いに駆けつけてくれた。

浜松ってどんなところ?

浜松市
はままつし

静岡県西部(遠州地方)にある政令指定都市。全7区から構成され、人口、面積は静岡県最大で、市の面積としては全国でも第2位である。

戦国時代には城下町、江戸時代には宿場町として栄えた。元は曳馬(ひくま)といわれていたが、徳川家康公が浜松に改めたとされている。

若き日の徳川家康公が天下統一の礎を築き、その後も歴代浜松城主の多くが幕府の要職へと出世。さらに世界に名高い数々の企業発祥の地としても知られていることから、浜松市では「出世の街」を旗印にPR活動に取り組んでいる。

浜松へのアクセス

※新幹線ひかりの場合

おわりに

最後まで読んでくれて、本当にありがとうなのじゃー!!

これからも、「はままつ福市長」兼「出世旅推進室本部長」として、出世の街浜松の魅力を皆々様にどんどんPRしていく所存なのじゃ。

「出世のパワースポット」、浜松にぜひとも遊びに来てくだされ。

もし、拙者を見かけたら、ぜひ「出世運」を高めるうなぎのちょんまげを触ってほしいのじゃー。

出世大名 家康くん

- ◉ 構成・TEXT・写真・DTP ── 中村文(tt-office)
- ◉ 装幀 ── 米谷テツヤ
- ◉ 地図イラスト ── たかしまてつを
- ◉ 編集 ── 永島賞二(幻冬舎)

◉ 編集協力
株式会社電通:コニシマリ／桃林豊／逆瀬川高志／花田顕子／上西祐理／江畑潤／清水敦之／小峠良太
株式会社ファイブエス:茂川拓／加瀬竜美
株式会社ジェ・シー・スパーク／大渕寿徳

◉ 写真・画像提供 ─── 浜松市

出世大名家康くん公式ファンブック
2015年1月15日　第1刷発行

監修 ………… 出世大名家康くん(浜松市)
発行者 ………… 見城 徹

発行所 ………… 株式会社 幻冬舎
　　　　　　　　〒151-0051 東京都渋谷区千駄ヶ谷4-9-7

電話 …………… 03(5411)6211(編集)
　　　　　　　　03(5411)6222(営業)
　　　　　　　　振替 00120-8-767643
印刷・製本所 … 図書印刷株式会社

検印廃止

万一、落丁乱丁のある場合は送料小社負担でお取替致します。小社宛にお送り下さい。本書の一部あるいは全部を無断で複写複製することは、法律で認められた場合を除き、著作権の侵害となります。定価はカバーに表示してあります。

©SHUSSE DAIMYO IEYASU Kun, GENTOSHA 2015
Printed in Japan
ISBN978-4-344-02683-4 C0095

幻冬舎ホームページアドレス　http://www.gentosha.co.jp/

この本に関するご意見・ご感想をメールでお寄せいただく場合は、
comment@gentosha.co.jpまで。